Condorcet.

Influence de la révolution
d'Amérique sur les opinions
et la législation de l'Eu-
-rope.

____

manque le titre.

A

M. le Marquis DE LA FAYETTE

qui à l'âge où les hommes

ordinaires font à peine connus

dans leur société

a mérité le tître de bienfaiteur

des deux mondes.

Par un habitant obscur
de l'ancien Hemisphère.

P. B. GODARD de plusieurs
Académies.

INTRODUCTION

LE chemin de la vérité, dit le Poëte Saïdi, eſt étroit & placé entre deux précipices. Le moindre faux pas fait rouler au fond, on ſe relève étourdi de la chute, on gravit avec peine pour ſe rapprocher du ſommet, on croit y toucher, on fait un dernier effort & l'on retombe de l'autre côté.

L'Amérique avoit à peine déclaré ſon indépendance & nos politiques voïoient déjà clairement que la ruine de l'Angleterre & la proſpérité de la France devoient être la conſéquence néceſſaire de cette heureuſe révolution. Cette indépendance eſt reconnue, aſſurée, ils ſemblent la voir avec indifférence & ne s'aviſent de douter de leurs prédictions qu'à l'inſtant où l'événement commence à en vérifier la derniere partie.

J'ai cru que ce moment où l'opinion ſemble s'égarer en ſens contraire, étoit préciſément celui où il pouvoit être utile de diſcuter tranquillement les conſéquences de ce grand événement & je vais tacher d'être Prophête de ſang froid.

Le prix propoſé par M. l'Abbé Raynal, ſur le bien & le mal qui ont réſulté pour l'Europe de la découverte du nouveau monde, avoit excité mon intérêt, j'avois oſé entreprendre de réſoudre cette queſtion, mais j'ai fenti que ce travail étoit au-deſſus de mes forces, & je n'ai ſauvé de l'incendie que le Chapitre où j'examinois l'influence que l'indépendance de l'Amérique auroit ſur l'humanité en général, ſur l'Europe, ſur la France en particulier, & l'analyſe des principes d'après leſquels j'eſſaïois de trouver une méthode de meſurer les différens dégrès du bonheur public.

Une nation priſe en corps étant un être abſtrait, elle ne peut être ni heureuſe, ni malheureuſe. Ainſi quand on parle du bonheur d'une nation collectivement, on ne peut entendre que deux choſes, ou une eſpèce de valeur moyenne regardée comme le réſultat du bonheur & du malheur des individus, ou les moyens généraux du bonheur, c'eſt-à-dire, de tranquillité & de bien être que le ſol, les loix, l'induſtrie, les rapports avec les nations étrangères peuvent offrir à la généralité des citoyens. Il ſuffit d'avoir quelque idée de juſtice pour ſentir que l'on doit s'en tenir au dernier ſens.

Autrement il faudroit adopter la maxime trop repandue chez les Républicains anciens & modernes, que le petit nombre peut-être légitimement ſacrifié au plus grand, maxime qui met la ſociété dans un état de guerre perpétuelle & ſoumet à l'Empire de la force, ce qui ne devroit l'être qu'à la raiſon & à la juſtice.

Les moyens généraux de bonheur pour

l'homme en société peuvent se partager en deux classes. La premiere comprend tout ce qui assure, tout ce qui étend la jouissance libre de ses droits naturels. La seconde renferme les moyens de diminuer le nombre des maux auxquels l'humanité est assujettie par la nature, de pourvoir à nos premiers besoins plus sûrement & avec moins de travail, de nous procurer un plus grand nombre de jouissance par l'emploi de nos forces & l'usage légitime de nos industries & par conséquent les moyens d'augmenter notre force & notre industrie doivent être rangés dans la même classe.

Les droits de l'homme sont 1°. La sûreté de sa personne, sûreté qui renferme l'assurance de n'être troublé par aucune violence, ni dans l'intérieur de sa famille, ni dans l'emploi de ses facultés dont il doit conserver l'exercice indépendant & libre pour tout ce qui n'est pas contraire aux droits d'un autre. 2°. La sûreté & la jouissance libre de sa propriété.

3°. Comme dans l'état de société il y a certaines actions qui doivent être assujetties à des régles communes; comme il faut établir des peines pour les atteintes portées par un individu aux droits d'autrui, soit par la violence, soit par la fraude, l'homme a encore le droit de n'être soumis pour tous ces objets qu'à des loix générales, s'étendant à l'universalité des citoyens, dont l'interpreta-

tion ne puiſſe être arbitraire, dont l'exécution ſoit confiée à des mains impartiales.

4°. Enfin le droit de contribuer ſoit im-
médiatement, ſoit par des repréſentations à
la confection de ces loix & à tous les actes
faits au nom de la ſociété, eſt une conſéquence néceſſaire de l'égalité naturelle & pri-
mitive de l'homme & l'on doit regarder une
jouiſſance égale de ce droit pour chaque
homme uſant de ſa raiſon comme le terme
duquel on doit chercher à ſe rapprocher. Tant
qu'on ne l'a pas atteint on ne peut pas dire
que les citoyens jouiſſent de ce dernier droit
dans toute ſon étendüe.

Il n'eſt aucun des droits des hommes qu'on
ne puiſſe déduire facilement de ceux auxquels nous venons d'eſſayer de les réduire,
& il ſeroit même aiſé de prouver que tous
les principes des loix civiles, criminelles,
comme ceux des loix d'adminiſtration, de
commerce, de police, ſont une ſuite de l'o-
bligation de reſpecter les droits compris dans
les trois premieres diviſions.

Le bonheur d'une ſociété eſt d'autant plus
grand, que ces droits y appartiennent avec
plus d'étendüe aux membres de l'Etat. Mais
la jouiſſance de chacun de ces mêmes droits
n'eſt pas également importante pour le bonheur commun; nous les avons placés ici ſui-
vant l'ordre dans lequel nous croyons qu'ils
contribuent à ce bonheur & nous ajouterons
même que dans une ſociété très-nombreuſe,

il doit arriver presque nécessairement que le dernier de ces droits se trouve presque nul pour le plus grand nombre des habitans d'un pays.

Des Républicains zélés l'ont regardé comme le premier de tous, & il est vrai sans doute que dans une nation éclairée, dégagée de toute superstition où il appartiendroit en réalité à tout citoyen qui pourroit ou voudroit l'exercer, la jouissance de ce droit assureroit celle de tous les autres. Mais il perd ses avantages les plus précieux, si l'ignorance, si les préjugés écartent ceux qui doivent l'exercer, du sentier étroit que la régle immuable de la justice leur a tracé, & relativement au bonheur public, une République qui auroit des loix tyranniques peut-être fort au-dessous d'une Monarchie.

En adoptant cet ordre, on sent que la violation très-fréquente, ou très-forte d'un droit moins essentiel peut nuire davantage au bonheur commun que la violation légère ou très-rare d'un droit plus important, qu'ainsi par exemple une forme dans la jurisprudence criminelle qui exposeroit les innocens à être condamnés par des juges ignorans ou prévenus, peut faire plus de mal à un pays qu'une loi qui condamneroit à mort pour un délit imaginaire très-rare dans le lieu où cette peine est établie. Des loix fiscales, des loix prohibitives peuvent en attaquant l'exercice libre de la propriété être plus nuisibles qu'un pouvoir d'emprifonner arbitrairement dont on ne feroit qu'un ufage très-rare.

Ces principes font fimples, mais la maniere d'évaluer les dégrès du mal ou du bien que peuvent produire ces différentes lézions des droits naturels, ou la deftruction des abus contraires à ces droits commence à devenir difficile. Il ne fuffiroit pas de connoître avec précifion les effets de chaque loi injufte, de chaque réforme utile, il faudroit encore une mefure commune à laquelle on put les comparer.

Quant à la feconde claffe de moyens de bonheur, il eft aifé de voir qu'ils dépendent encore en très-grande partie de l'exercice plus étendu & plus libre des droits naturels & ils fe bornent enfuite d'abord à la jouiffance d'une paix durable & affurée avec les Puiffances étrangères ; puis à l'augmentation des moyens de fe procurer plus de jouiffances avec un travail égal, foit par celle des lumières & de l'induftrie, foit par l'extenfion des rélations avec les autres peuples, foit furtout, par une plus grande égalité dans la diftribution de ces moyens entre les membres de la fociété. En effet, comme la population fe proportionne néceffairement à la quantité des fubfiftances, on voit aifément que jamais la maffe des jouiffances pour la pluralité des citoyens ne peut être très-grande au moins d'une maniere conftante & durable & qu'ainfi c'eft dans la diftribution plus égale de ces jouissances que l'on doit chercher le bonheur public, c'est à maintenir ou à rétablir cette égalité entre les membres d'une nation sans nuire au droit de propriété, sans gêner l'exercice légitime de la liberté que doivent tendre toutes les loix civiles, toutes celles qui ont le commerce pour objet.

Il résulte de ces mêmes principes que le bonheur d'un peuple loin de s'accroître par le malheur ou l'affaiblissement de ses voisins, doit augmenter au contraire par la prospérité des autres peuples, puisqu'il en recevroit alors l'exemple des bonnes loix ou de la destruction des abus, de nouveaux moyens d'industrie, tous les avantages enfin qui naissent de la communication des lumières : & il est sensible en même-tems que la masse des jouissances communes & la facilité de les répartir avec plus d'égalité, est pour tous les peuples l'effet nécessaire des progrès de chacun d'eux.

La seule exception à cette loi générale, est le cas où un peuple égaré par une fausse politique, fatigue ses voisins par son ambition & cherche soit par la guerre, soit par des monopoles, soit par des loix prohibitives de commerce, à leur rendre à ses propres dépens sa puissance dangereuse & sa prospérité inutile.

Tels font les principes d'après lesquels je vais essayer de montrer qu'elle doit être l'influence de la révolution d'Amérique.

On ne trouvera peut-être à l'auteur de ces réflexions, d'autre mérite que celui de réver plus en grand que l'Abbé de St. Pierre, & il répondra comme lui : je me confolerai fans peine d'avoir paffé toute ma vie, pour un reveur, fi je puis efpèrer qu'un fiécle après moi, l'exécution d'une de mes idées puiffe faire un peu de bien.

C'eft même trop exiger. En cherchant à répandre quelques vérités ifolées & ftériles en elles mêmes, on peut faciliter à la longue des combinaifons d'idées plus heureufes & plus fécondes. N'eft-ce pas encore être utile que de contribuer à diriger l'attention des bons efprits fur une matiere importante, à leur infpirer le defir d'en faire l'objet de leurs méditations, ou de leurs recherches/ On n'auroit aucun droit à la gloire qu'ils pourront mériter, mais on en auroit du moins au plaifir d'avoir été l'occafion de quelque bien/ feroit-ce payer trop cher ce plaifir que de l'acheter par un léger facrifice d'amour propre, par l'humiliation de s'être trompé de bonne foi, ou de n'avoir dit fur de grands objets, que des vérités petites & communes/

CHAPITRE PREMIER.

Influence de la révolution d'Amérique, sur les opinions & la Légiſlation de l'Europe.

LE genre humain avoit perdu ſes titres, Monteſquieu les a retrouvés & les lui a rendus. (*) Mais il ne ſuffit pas qu'ils ſoient écrits dans les livres des Philoſophes & dans le cœur des hommes vertueux, il faut que l'homme ignorant ou foible puiſſe les lire dans l'exemple d'un grand peuple.

L'Amérique nous a donné cet exemple. L'acte qui a déclaré ſon indépendance eſt une expoſition ſimple & ſublime de ces droits ſi ſacrés & ſi longtems oubliés. Dans aucune nation ils n'ont été ni ſi bien connus, ni conſervés dans une intégrité ſi parfaite.

L'eſclavage des Négres ſubſiſte encore, à la vérité dans quelques-uns des Etats-Unis, mais tous les hommes éclairés en ſentent la honté le danger & cette tâche ne ſouillera plus longtems la pureté des loix Américaines.

Ces ſages républicains encore attachés à quelques reſtes des préjugés anglois, n'ont pas ſenti aſſez que les loix prohibitives, les réglemens de commerce, les impôts indi-

____

(*) Voltaire.

rects étoient de véritables atteintes au droit de propriété dont ces inftitutions reftraignent le libre exercice, car on ne poſsède point ce dont on ne peut difpoſer. En établiſſant une tolérance plus étendüe qu'aucune autre nation, ils ont confenti à quelques limitations exigées par le peuple, mais contraires ſi non à l'exercice de la liberté perſonnelle, du moins au droit qu'a chaque homme de n'être foumis à aucune privation pour avoir cru ce que ſa raiſon lui ordonnoit de croire. On pourroit peut-être encore trouver dans les loix de quelques états de foibles reſtes d'un fanatiſme trop aigri par de longues perſécutions, pour céder aux premiers efforts de la Philoſophie, mais ſi on compare ces atteintes portées aux droits naturels des hommes à tout ce qu'un œil éclairé pourroit en découvrir dans les légiſlations des peuples les plus ſages, ſur-tout dans celles de ces nations anciennes que l'on admire tant & que l'on connoît ſi peu, on ſentira que notre opinion ſur celles de l'Amérique n'eſt pas le fruit d'un enthouſiaſme exagéré, ni pour cette nation, ni pour notre ſiécle.

D'ailleurs ſi on peut faire aux Américains des reproches fondés, ils n'ont pour objet que des erreurs particulieres ou d'anciens abus que les circonſtances n'ont pas permis de corriger. Il leur ſuffira d'être conféquent pour tout réparer, ils ſont le ſeul peuple juſqu'ici chez lequel on ne trouve ni des maximes du Machiavelifme érigées en principes politiques, ni parmi les chefs, l'opinion fincere ou feinte de l'impoffibilité de perfectionner l'ordre focial & de concilier la profpérité publique avec la juftice.

Le fpectacle d'un grand peuple où les droits de l'homme font refpectés, eft utile à tous les autres, malgré la différence des climats, des mœurs & des conftitutions. Il apprend que ces droits font partout les mêmes & qu'hors un feul auquel pour l'intérêt de la tranquillité publique, le citoyen vertueux doit favoir renoncer dans certaines conftitutions, il n'eft point d'état où l'homme ne puiffe jouir de tous les autres dans leur entiere étendüe.

Il fait fentir l'influence que la jouiffance de ces droits a fur la profpérité commune en montrant que l'homme qui n'a jamais craint d'outrages pour fa perfonne, acquiert une ame plus élevée & plus douce, que celui dont la propriété eft toujours affurée, trouve la probité facile, que le citoyen qui ne dépend que des loix a plus de patriotifme & de courage.

Cet exemple fi utile à toutes les nations qui peuvent le contempler alloit être perdu pour le genre humain. Les grandes nations méprifent l'exemple des petits peuples, & l'Angleterre qui depuis un fiécle en avoit donné un fi impofant, n'alloit plus fervir qu'à accréditer par fa chûte l'opinion fi répandue, si dangereuse & si fausse, que les loix ne peuvent avoir sur les peuples qu'un empire passager, & que les corps politiques sont condamnés à se dissoudre après quelques instans d'une vie plus ou moins brillante. Si l'Amérique eût succombé sous les armes de l'Angleterre, le despotisme y auroit bientôt forgé les fers de la mere patrie, & les Anglois auroient éprouvé le sort de toutes les républiques qui ont cessé d'être libres pour avoir voulu avoir des sujets au lieu de n'avoir que des citoyens.

Or l'Angleterre eut perdu ses loix en perdant sa liberté, il peut arriver sans doute que dans une monarchie paisible, un sage législateur respecte assez les droits des hommes pour faire envier au fier républicain le sort de ses heureux sujets. On sait que cette vérité importante pour la tranquillité de ces constitutions a été prouvée par des Philosophes François, précisément dans le même tems où ils étoient accusés dans les journaux, dans les mandemens & dans les réquisitoires de prêcher la sédition. Mais la violence seule peut assujettir celui qui a joui de la liberté, & pour que le citoyen consente à cesser de l'être, il faut lui ravir jusqu'à la dignité d'homme.

Par une conséquence nécessaire du respect qu'ont eu les loix de l'Amérique pour les droits naturels de l'humanité, tout homme quelque soient sa religion, ses opinions, ses

principes

principes, eſt ſûr d'y trouver un azile. En vain l'Angleterre offroit-elle le même avantage, du moins aux Proteſtans. L'induſtrie de ſes habitans laiſſe peu de reſſource à celle de l'étranger, ſa richeſſe repouſſe le pauvre, ~~il ne reſte point de place ſur un ſol où le commerce, les manufactures, ont entaſſé les hommes.~~ Son climat ne convient même qu'aux peuples d'une petite partie de l'Europe. L'Amérique au contraire offre à l'induſtrie des eſpérances ſéduiſantes, le pauvre y trouve une ſubſiſtance facile : une propriété aſſurée, ſuffiſante à ſes beſoins peut y devenir le prix de ſon travail. Un climat plus varié convient aux hommes de tous les pays.

Mais en même tems l'Amérique eſt ſéparée des peuples de l'Europe par une vaſte étendüe de mer. Il faut d'autres motifs pour engager à la traverſer, qu'un ſimple deſir d'augmenter ſon bien être. L'opprimé ſeul peut avoir la volonté de franchir cet obſtacle, ainſi l'Europe ſans avoir à craindre de grandes émigrations, trouve dans l'Amérique un frein utile pour les Miniſtres qui ſeroient tentés de trop mal gouverner. L'oppreſſion doit y devenir plus timide lorſqu'elle ſaura qu'il reſte un azile à celui qu'elle auroit marqué pour ſa victime, & qu'il peut à la fois lui échapper & la punir en la forçant de ſe préſenter avec lui au tribunal de l'opinion.

La liberté de la Preſſe eſt établie en Amérique, & l'on y a regardé avec une juste raison le droit de dire & celui d'entendre les vérités qu'on croit utiles, comme un des droits les plus sacrés de l'humanité.

Dans un pays où le saule seroit un arbre sacré & où il seroit défendu sous peine de la vie d'en rompre une branche pour sauver un homme qui se noye, diroit-on que la Loi ne porte aucune atteinte ni à la liberté, ni à la sûreté des citoyens ? Si l'absurdité des Loix contre la liberté de la Presse ne nous paroît pas aussi palpable, c'est que malheureusement l'habitude a le pouvoir funeste de familiariser la foible raison humaine, avec ce qui doit le plus la révolter.

Or l'exemple seul de tout le bien que la liberté de la Presse a fait & fera encore en Amérique, sera d'autant plus utile pour l'Europe qu'il est plus propre que celui de l'Angleterre à rassurer contre les prétendus inconvéniens de cette liberté. Déja plus d'une fois on a vu l'Américain tranquillement se soumettre à des Loix dont il avoit attaqué avec chaleur, ou les principes, ou les effets, & obéir avec respect aux dépositaires de la puissance publique, sans renoncer au droit de chercher à les éclairer & de dénoncer à la nation leurs fautes ou leurs erreurs. On a vu des discussions publiques détruire les préjugés & préparer aux vües sages de ces législations naissantes, l'appui de l'opinion générale.

On a vu cette liberté loin de favoriser l'intrigue, diffiper des affociations particulieres, empêcher ceux qui étoient conduits par des vues perfonnelles, de fe former des partis, & on a pu en conclure que les déclamations & les ~~libelles~~ n'ont de danger qu'autant que la févérité des Loix les oblige de circuler dans les ténèbres.

On y a vu, enfin que l'opinion répandue facilement & promptement dans un pays immenfe au moyen de l'impreffion offroit au Gouvernement dans des circonftances difficiles, une arme fouvent plus puiffante que les Loix. Nous n'en citérons qu'un exemple; la défertion s'étoit introduite dans une partie de la milice, les peines les plus févères n'avoient pû l'arrêter, parceque l'efpérance de l'impunité leur ôtoit toute leur force. On propofa d'inférer le nom du coupable dans la gazette de fon pays & la crainte de cette punition fut plus efficace que celle de la mort. On fent que cette maniere fi noble & fi généreufe de faire rentrer les citoyens dans le devoir, doit tout fon fuccès au droit qu'auroit eu l'accufé de réclamer avec une égale publicité contre une inculpation injufte.

En Angleterre l'ufage d'éluder par des fubtilités, fouvent ridicules, les Loix encore fubfiftantes contre la liberté de la Preffe, le fcandale des libelles, la vénalité des écrivains politiques, la fauffe chaleur d'un patriotifme qu'on ne fent pas, ont empêché de ~~s'apper-~~ ~~cevoir~~ que ce pays doit plus encore à la liberté de la Presse qu'à sa constitution, le maintien des Loix & le respect qu'on y conserve pour la partie des droits de l'humanité que l'opinion y a consacrés.

Croit-on qu'en voyant la tolérance la plus étendüe dont aucun peuple ait encore joui, loin d'exciter des troubles en Amérique, y faire fleurir la paix & la fraternité, les Gouvernemens des pays où l'intolérance regne encore continueront de la croire nécessaire au repos des Etats & n'apprendront pas enfin qu'ils peuvent sans danger obéir à la voix de la justice & de l'humanité. Jadis le fanatisme osoit se montrer à découvert, & demander au nom de Dieu le sang des hommes, la raison l'a forcé de se cacher, il a pris le masque de la politique, & c'est pour le bien de la paix qu'il demande qu'on lui laisse encore les moyens de la troubler. Mais l'Amérique a prouvé qu'un pays peut-être heureux quoiqu'il y ait dans son sein ni persécuteurs, ni hypocrites, & les politiques qui auroient eu peine à le croire sur l'autorité des sages, le croiront sans doute sur celle de cet exemple.

En observant comment les Américains ont fondé leur repos, & leur bonheur sur un petit nombre de maximes qui semblent l'expression naïve de ce que le bon sens auroit pu dicter à tous les hommes, on cessera de vanter ces machines si compliquées où la multitude des ressorts rend la marche violente, irréguliere & pénible, où tant de contre-

póids , qui, dit-on, fe font équilibre, fe réu-
niffent dans la réalité pour pefer fur le peuple : peut-être fentira-t-on le peu d'importance
ou plutôt le danger de ces fubtilités politiques trop longtems admirées , de ces fyftêmes
où l'on veut forcer les Loix, & par conféquent la vérité, la raifon, la juftice, leurs
bafes immuables à changer fuivant la tempé-
rature, à fe plier à la forme des Gouvernemens , aux ufages que le préjugé a confacrés,
& même aux fotifes adoptées par chaque
peuple, comme s'il n'eût pas été plus humain, plus jufte & plus noble de chercher
dans une légiflation raifonnable des moyens
de l'en défabufer.

On verra qu'on peut avoir de braves guerriers, des foldats obéiffans, des troupes dif-
ciplinées fans recourir à la dureté des admi-
niftrations militaires de plufieurs nations de
l'Europe, où les fubalternes font jugés fur
les mémoires fecrets de leurs chefs, condamnés fans avoir été entendus, punis fans
avoir pû fe deffendre, où c'eft un nouveau
crime de demander à prouver fon innocence,
& un crime bien plus grand encore d'impri-
mer qu'on n'eft point coupable. Il faut cependant l'avouer, ce n'eft pas à la corruption,
à une injuftice réfléchie, à une dureté tyran-
nique qu'il faut attribuer ce fyftême d'oppreffion fecrete qui viole à la fois les droits des citoyens & ceux des nations : c'eft encore
moins à la néceffité, car il eft à la fois auffi

inutile, auffi dangereux pour la difcipline, pour la fureté de l'état qu'il peut-être injufte. Que faut il donc en accufer? Hélas! c'eft feulement cette ignorance invincible du droit naturel qui excufe du pêché, & l'exemple d'un peuple libre, mais foumis avec docilité aux Loix Militaires comme aux Loix Civiles, aura fans doute le pouvoir de nous en guerrir.

Le fpectacle de l'égalité qui regne dans les Etats-Unis & qui en affure la paix & la profpérité, peut auffi être utile à l'Europe. Nous n'y croyons plus à la vérité que la nature ait divifé la race humaine en trois ou quatre ordres, comme la claffe de Solipedes, & qu'un de ces ordres y foit auffi condamné à travailler beaucoup & à peu manger. On nous a tant parlé des avantages du commerce & de la circulation, que le noble commence à regarder un banquier & un commerçant prefque comme fon égal, pourvû qu'il foit très-riche, mais notre Philofophie ne va pas plus loin & nous imprimions encore il n'y a pas longtems que le peuple eft dans certains pays taillable & corvéable de fa nature.

Nous difions il n'y a pas encore longtems, que le fentiment de l'honneur ne peut exifter dans toute fa force que dans certains états, & qu'il falloit avilir la plus grande partie d'une nation afin de donner au refte un peu plus d'orgueil.

Mais voici ce qu'on pourra lire dans l'hiftoire de l'Amérique. Un jeune Général françois chargé de défendre la Virginie contre une armée supérieure & voyant que les soldats qu'on avoit tirés de leurs régimens pour lui former un corps de troupes l'abandonnoient, déclara pour faire ceſſer cette eſpèce de déſertion que voulant avoir avec lui des hommes choiſis il renverroit à l'armée tous ceux dont il ſoupçonneroit la valeur, la fidélité ou l'intelligence. Dès ce moment aucun n'eut l'idée de ſe retirer. Un ſoldat qu'il vouloit charger d'une commiſſion particulière exigea de lui la promeſſe que s'il venoit à périr en l'exécutant, on mettroit dans la gazette de ſon pays qu'il n'avoit quitté le détachement que par ordre du général, un autre hors d'état de marcher à cauſe d'une bleſſure, loua un charriot à ſes dépens pour ſuivre l'armée. (¹) Alors on ſera forcé de convenir que le ſentiment de l'honneur eſt le même dans toutes les conſtitutions, qu'il agit avec une force égale ſur les hommes de toutes les conditions, pourvu qu'aucune d'elles ne ſoit ni avilie par une opinion injuſte ni opprimée par des mauvaiſes Loix.

Tels ſont les biens que l'humanité entière doit attendre de l'exemple de l'Amérique & nous ſerions ſurpris qu'on regardât comme chimériques ces avantages, parcequ'ils n'ont pas une influence immédiate & phyſique ſur le ſort des individus. Ce ſeroit ignorer que le bonheur des hommes réunis en ſociété

(¹) I detti aneddoti, accettuato l'ultimo, propone vede più dettagliati nelle note della seconda parte. V.L.

dépend presque uniquement des bonnes Loix
& que s'ils doivent leur premier hommage
au légiflateur qui réunit à la fageffe de les
concevoir, la volonté & le pouvoir de les
préfcrire, ceux qui par leur exemple ou
par leurs leçons indiquent à chaque légiflateur celles qu'il doit faire, deviennent après
lui, les premiers bienfaiteurs des peuples.

CHAPITRE II.

Des avantages de la révolution d'Amérique,
rélativement à la confervation de la paix
en Europe.

L'Abbé de Saint Pierre avoit ofé croire
que les hommes feroient un jour affez rai-
fonnables pour que les nations confentiffent
d'un commun accord, à renoncer au droit
barbare de la guerre, & à foumettre au jugement d'arbitres paifibles, la difcuffion de
leurs prétentions, de leurs intérêts ou de
leurs griefs. Sans doute cette idée n'eft pas
chimérique; il eft fi clairement prouvé que
la guerre ne peut jamais être un bien pour
la pluralité des individus d'une nation! Et
pourquoi les hommes qui fe font accordés
fi longtems pour fe livrer à des erreurs ab-
furdes & funeftes, ne s'accorderoient-ils pas
un jour pour adopter des vérités fimples &

falutaires? Mais cette efpérance eft encore loin de fe réalifer.

Peut-être l'Abbé de St. Pierre auroit-il été plus utile, fi au lieu de propofer aux Souverains (Monarques, fenats ou peuples) de renoncer au droit de faire la guerre, il leur eut propofé de conferver ce droit, mais d'établir en même tems un tribunal chargé de juger au nom de toutes les nations les différens qui peuvent s'élever entr'elles, fur la remife des criminels, fur l'exécution des loix de commerce, les faifies des vaiffeaux étrangers, les violations de territoire, l'interprétation des traités, les fucceffions &c. les différens états fe feroient réfervé le droit d'exécuter les jugemens de ce tribunal ou d'en appeller à celui de la force. Les hommes qui l'auroient compofé auroient été chargés de rédiger un Code de droit public fondé uniquement fur la raifon & fur la juftice, & que les nations confédérées feroient convenues d'obferver pendant la paix. Ils en euffent formé un autre deftiné à contenir les régles qu'il feroit de l'utilité générale d'obferver en tems de guerre, foit entre les nations belligérantes, foit entre elles & les Puiffances neutres. Un tel tribunal pourroit étouffer des femences de guerre, en établiffant dans l'état de paix plus d'union entre les peuples, & détruire ces germes de haine & cette humeur d'un peuple contre un autre qui difpofe à la guerre, & en fait faifir tous les pré-

textes. Souvent les ambitieux qui la conseil-
lent n'oseroient la propofer s'ils ne fe flat-
toient de foulever en leur faveur l'opinion
populaire, s'ils n'étoient appuyés du fuffrage
de ceux même dont ils prodiguent le fang &
la fubfiftance. Les guerres feroient devenues
moins cruelles. En effet nous fommes encore
bien loin d'avoir donné à la juftice, à l'humanité tout ce qu'on peut leur accorder pendant la guerre, fans nuire au fuccès. Les
troupes réglées ont du moins produit un
grand bien, celui de rendre les peuples étrangers à la guerre qu'on fait en leur nom, &
il n'y a aucune raifon pour que l'ennemi ne
traite pas les habitans de la frontière qu'il a
conquife, comme il traiteroit ceux de la
fienne s'il étoit obligé de la défendre. Eft-il
fi néceffaire au fuccès des guerres maritimes
de légitimer le vol & le brigandage, a-t-on
pefé feulement avec quelqu'attention les trif-
tes avantages & les conféquences funeftes de
cet ufage des fiécles & des nations barbares?
Mais ne nous égarons pas dans ces idées qui
toutes fimples, toutes naturelles qu'elles
foient pour tout homme doué d'un cœur
jufte & d'un efprit droit étonneroient encore
l'oreille des politiques.

Venons aux effets de la révolution d'A-
mérique, & voyons fi quoiqu'elle ait couté
une guerre à l'humanité, elle n'aura pas été
un bien même à cet égard.

Si l'Angleterre fe fut réconciliée avec fes

Colonies, le Ministère Britannique eut senti qu'une guerre étrangère étoit le seul moyen d'en tirer des taxes , d'y établir l'autorité militaire, d'y avoir un parti. Cette guerre avec la maison de Bourbon eut entrainé la perte d'une grande partie des isles que la France & l'Espagne n'eussent pu soutenir contre l'Amérique & l'Angleterre réunies. Je ne regarderois pas la perte des isles à sucre en elle même comme un très-grand malheur pour la France. Le produit de ces isles diminué des frais de culture, des dépenses d'administration & de défense, n'ajoute qu'une très-petite somme au produit total du territoire de la France , & ces possessions si difficiles à défendre diminuent plutôt qu'elles n'aumentent la puissance nationale. Mais il n'en seroit pas de même dans le cas où l'on pourroit craindre qu'une nation peu éclairée sur les vrais intérêts de son propre commerce permettoit à des négocians riches & avides d'exercer un monopole sur les étrangers ; monopole dont cette nation elle même & surtout les négocians peu riches sentiroient aussi le poids. Dans cette hypothèse l'intérêt de chaque nation consommatrice seroit d'avoir un moyen de se procurer au moins en partie des denrées devenues nécessaires sans dépendre du caprice des autres nations. C'est sous ce point de vue que la possession des Colonies dans les Antilles est vraiment importante pour les nations Européennes. Les principes généraux de l'économie politique font prouvés d'une manière rigoureufe, ils ne font fujets à aucune exception réelle. Si on ne peut pas les fuivre dans la pratique , en étendre les conféquences à tous les cas particuliers c'eft uniquement parcequ'une grande partie des hommes fe laiffent guider par des préjugés contraires à ces principes, ainfi ces exceptions apparentes ne fervent qu'à les conferver davantage. Dans la fuppofition que nous confidérons les conféquences de la perte des ifles à fucre euffent été funeftes pour la France. La marine Françoife détruite par une guerre malheureufe eut laiffé l'Angleterre maîtreffe de la mer. Bientôt elle eut voulu envahir le commerce de l'Inde, de l'Affrique, des deux parties de l'Amérique.

L'efprit de monopole qu'elle porte dans le commerce l'eut engagée à prendre, même aux dépens de fa propre richeffe, les mefures les plus ruineufes aux autres peuples, les eut expofés à tout ce qu'une politique mercantile peut imaginer de vexations & d'outrages. Mais avant que ce fyftême de Machiavelifme eut atteint fon but, avant que l'Empire Britannique fe fut divifé, dans combien de guerres les nations de l'Europe n'auroient elles pas été entrainées, ce fyftême eut été inégalement, mais conftamment fuivi par des Miniftres intéreffés à occuper leur nation de conquêtes, foit pour fe maintenir dans leurs places, foit pour éviter les troubles intérieurs, ou la féparation des Colonies, foit pour détruire fourdement la conftitution & faire naître une Monarchie abfolue ? Peut-être plus d'un fiécle d'oppreffion & de guerres eut il précèdé l'époque où la divifion de cet Empire eut fait renaître la paix & la liberté des mers. Ainfi l'humanité peut pardonner à la guerre d'Amérique en fongeant aux maux dont cette guerre l'a préfervée.

La même révolution doit rendre les guerres plus rares en Europe.

En effet, on ne peut fe le diffimuler, les Américains font prefque abfolument les maîtres de faire pencher la balance dans les mers de l'Amérique en faveur de la puiffance qu'ils favoriferont ; ils ont en même tems plus de facilité que les nations Européennes pour les conquérir & les garder. D'ailleurs les habitans de ces ifles affez indifférens fur le nom de la puiffance à laquelle ils appartiennent, parcequ'ils font moins de véritables propriétaires attachés au fol de leur patrie que des entrepreneurs de manufactures, feroient difpofés à s'unir à un peuple qui dédaignant de commander à des fujets ne veut avoir que des concitoyens & pour qui conquérir ne peut-être qu'admettre les vainqueurs à partager fon indépendance & fa liberté. Sans doute il peut arriver que les colons Anglois, François, Efpagnols craignent l'arrivée des Américains dans leurs poffeffions plus qu'ils ne la desirent ; si les Américains proscrivent chez eux l'esclavage des noirs & que les puissances Européennes aient la barbarie & la mauvaise politique de le conserver. Mais alors les Américains n'en seroient que plus surs du succès, puisqu'ils auroient en arrivant dans chaque isle des partisans nombreux, animés de tout le courage que peuvent donner la vengeance & l'espoir de la liberté.

Ainsi du moment où les Etats-Unis auront réparé les maux au prix desquels ils ont acheté leur indépendance, aucune nation de l'Europe ne pourroit sans imprudence, entreprendre une guerre dans des mers, où elle seroit exposée à tout perdre, si elle avoit les Etats-Unis pour ennemis & à se mettre dans leur dépendance si elle les avoit pour amis.

La possession des Antilles auroit été absolument précaire dans très-peu de tems, dès aujourd'hui peut-être sans la révolution d'Amérique ; elle le deviendra sans doute, mais plus tard : & d'ailleurs les Anglois auroient surement regardé la conquête de ces isles comme très-importante, & il n'est pas vraisemblable que les Américains aient jamais la même idée ; ils sentent qu'il importe à leur liberté à la conservation de leurs droits de ne pas avoir de sujets, ils ne peuvent desirer d'avoir loin d'eux des alliés faibles & difficiles à défendre ; & les Européens seuls par une conduite imprudente pourroient leur inspirer le desir de faire cette conquête. C'est ce qu'a senti le Ministère de France, & s'il s'est empressé d'ouvrir ses Colonies aux Américains, cette opération juste en elle même, nécessaire à la prospérité presque à l'existence des Colonies, a été en même tems dictée par une politique sage & prévoyante.

Les Américains serviront encore à maintenir la paix en Europe par l'influence de leur exemple. Dans l'ancien monde quelques Philosophes éloquens & sur-tout Voltaire, se sont élevés contre l'injustice, l'absurdité de la guerre, mais à peine ont ils pu y adoucir à quelques égards la fureur martiale. Cette foule immense d'hommes qui ne peuvent attendre de gloire & de fortune que par le massacre, ont insulté à leur zèle, & l'on répétoit dans les livres, dans le camps, dans les cours, qu'il n'y avoit plus ni patriotisme, ni vertu depuis qu'une abominable Philosophie avoit voulu épargner le sang humain.

Mais dans l'Amérique ces mêmes opinions pacifiques font celles d'un grand peuple, d'un peuple brave qui a sçû défendre ses foyers & briser ses fers. Toute idée de guerre entreprise par ambition, par le désir de la conquête y est flétri par le jugement tranquille d'une nation humaine & paisible. Le langage de l'humanité & de la justice ne peut y être l'objet de la risée, ni des courtisans guerriers d'un Roi, ni des Chefs ambitieux d'une République. L'honneur de défendre la patrie y est le premier de tous sans que

l'état militaire pèfe avec orgueil fur les citoyens : & que pourront oppofer à cet exemple, les préjugés guerriers de l'Europe ?

CHAPITRE III.

*Avantages de la révolution d'Amérique ré-
lativement à la perfectibilité de l'efpèce
humaine.*

NOus avons déja effayé de montrer combien l'exemple de l'Amérique & les lumières
qui doivent naître de la liberté de difcuter
toutes les queftions importantes au bonheur
des hommes peuvent être utiles à la deftruction des préjugés qui regnent encore en Europe. Mais il eft un autre genre d'utilité fur
lequel nous croyons devoir nous arrêter,
bien que très convaincus qu'il paraîtra chimérique au plus grand nombre de nos lecteurs.

L'Amérique offre un pays d'une vafte étendüe, où vivent plufieurs millions d'hommes
que leur éducation a prefervés des préjugés
& difpofés à l'étude, à la réflexion. Il n'y
exifte aucune diftinction d'état, aucun at-
trait d'ambition qui puiffe éloigner ces hommes du defir fi naturel de perfectionner leur
efprit, de l'employer à des recherches utiles,
d'ambitionner la gloire qui accompagne les
grands travaux ou les découvertes & rien n'y
retient

retient une partie de l'espèce humaine dans une abjection qui la devoue à la stupidité, comme à la misere. Il y a donc lieu d'esperer que l'Amérique d'ici à quelques générations en produisant presqu'autant d'hommes occupés d'ajouter à la masse des connoissances que l'Europe entière en doublera au moins les progrès, les rendra au moins deux fois plus rapides. Ces progrès embrasseront également les arts utiles & les sciences spéculatives.

Or on doit mettre le bien qui en peut résulter pour l'humanité, au nombre des effets de la révolution. La dépendance de la mere patrie n'eut pas sans doute éteint le génie naturel des Américains & Mr. Franklin en est la preuve. Mais elle eut presque toujours détourné ce génie vers d'autres objets, le desir d'être quelque chose en Angleterre eut étouffé tout autre sentiment dans l'ame d'un Américain né avec de l'activité & des talents, & il eut choisi les moyens les plus promts & les plus surs d'y parvenir. Ceux qui n'auroient pu nourrir cette ambition, seroient tombés dans le découragement & dans l'indolence.

Les Etats gouvernés par des princes qui regnent loin d'eux, les provinces des grands Empires trop éloignées de la capitale nous offriroient des preuves frappantes de cette assertion & nous les développerions ici sans la crainte de paroître nous ériger en juges du génie, en apprétiateurs des nations & des découvertes.

C

On sera peut-être surpris de me voir placer ici quelques découvertes, quelques inventions & le progrès de nos connoissances à côté de ces grands objets, la conservation des droits de l'humanité, le maintien de la paix, & même avant les avantages qui peuvent résulter du commerce.

Mais occupé à méditer depuis longtems sur les moyens d'améliorer le sort de l'humanité, je n'ai pu me défendre de croire qu'il n'y en a réellement qu'un seul, c'est d'accélerer le progrès des lumières. Tout autre moyen n'a qu'un effet passager & borné. Quand même on avoueroit que des erreurs, des fables, des législations combinées non d'après la raison, mais d'après les préjugés locaux ont fait le bonheur de quelques nations, on seroit forcé d'avouer aussi que partout ce bien trop vanté a disparu en peu de tems pour faire place à des maux que la raison n'a pas encore pu guérir après plusieurs siécles. Que les hommes soient éclairés & bientôt vous verrez le bien naître sans effort de la volonté commune.

CHAPITRE IV.

Du bien que la révolution de l'Amérique peut faire par le commerce à l'Europe & à la France en particulier.

Nous n'avons presque consideré jusqu'ici que des avantages qui par leur nature font communs à toutes les nations. Celui du maintien de la paix a quelques degrès d'importance de plus pour les peuples qui, comme la France, l'Espagne, l'Angleterre, la Hollande font plus exposées à des guerres dans les isles de l'Amérique.

De même la France tirera plus d'utilité qu'aucun des peuples de l'Europe des idées faines des Américains sur les droits de la propriété & de la liberté naturelle parce qu'avec un plus grand besoin de ces idées que la nation Angloise, elle est dans ce degré de lumières qui permet d'en profiter & jouit d'une constitution où les reformes utiles ne trouveroient que peu d'obstacles à vaincre & sur-tout en trouveroient beaucoup moins qu'en Angleterre.

Nous commencerons encore ici par examiner les avantages qui résulteront pour le commerce de toutes les nations, de la révolution d'Amérique, nous verrons ensuite si à cet égard la France doit avoir quelque supériorité. Mais avant de nous livrer à cet examen, il eſt bon de chercher quelle eſpèce d'utilité une nation peut trouver dans le commerce étranger.

Elle y trouvera 1°. celle de ſe procurer les denrées néceſſaires, ou preſque néceſſaires qui lui manquent, de ſe les procurer à un meilleur prix, enfin d'avoir une plus grande aſſurance de ne pas en manquer. 2°. Celle d'augmenter par le debit plus grand des denrées nationales, ou des objets manufacturés l'intérêt qu'ont les cultivateurs à multiplier les productions, & en même tems d'augmenter l'induſtrie & l'activité des manufacturiers qui ne peuvent s'accroître ſans influer ſur la quantité du produit net des terres & par conſéquent ſur la richeſſe réelle.

Ces deux avantages, celui de l'importation plus avantageuſe ou plus ſure des denrées, celui d'une exportation plus étendüe peuvent paroître ſe confondre, parceque l'un ne peut guere exiſter ſans l'autre. Mais nous les diſtinguons parceque le premier a pour objet direct l'augmentation du bien être & le ſecond l'augmentation de la richeſſe. Il faut obſerver de plus que la production ne peut augmenter dans un pays par le commerce d'exportation ſans qu'il ne réſulte de cette ſurabondance de denrées un moindre danger d'en manquer.

On peut compter encore parmi les avantages du commerce étranger ceux qu'une nation retire de fon induftrie, de fon habileté dans le négoce. C'eft ainfi qu'un peuple qui n'habiteroit qu'un rocher & qui auroit quelques capitaux, pourroit vivre & même augmenter ces capitaux en recevant chaque année pour prix de fon travail ou de fes fpéculations de commerce, une portion du revenu territorial d'une autre nation.

Ce troifieme avantage, le premier de tous pour un petit peuple livré uniquement au commerce & à l'induftrie eft prefque nul pour les grandes nations qui occupent un vafte territoire.

Le commerce fe fait toujours par échange & par échange de matières qui fe renouvellent chaque année, autrement il ne pourroit être durable, puifque le peuple qui échangeroit tous les ans contre une denrée dont il a befoin, une denrée qui ne fe renouvelle pas, feroit au bout d'un certain tems dans l'impoffibilité de faire cet échange.

Mais la manière dont l'échange fe fait n'eft pas indifférente 1°. fuppofons qu'un pays qui n'a pas de mines abondantes, achète en argent des marchandifes d'un autre, il eft clair qu'il faut qu'il ait vendu à un troifieme des marchandifes pour de l'argent, ainfi pour faire cet échange réel de marchandifes contre marchandifes il y a fallu payer deux fois le profit du commerçant, on ne le paieroit qu'une fois fi l'échange étoit immédiat, ou en d'autres termes le négociant qui gagne fur ce qu'il achète & sur ce qu'il vend, peut se contenter d'un moindre profit. Voila donc pour la masse des citoyens une épargne de frais inutiles. Il n'est donc pas indifférent de payer les mêmes denrées en marchandises ou en argent & toutes choses égales d'ailleurs il est plus avantageux de les payer en marchandises.

2°. Il est plus avantageux à un pays d'exporter les denrées dont la culture exige le plus d'avances proportionnellement au produit net & dont la production est plus irréguliere plus exposée à des accidens ou à l'intemperie des saisons. Le commerce étranger est un moyen d'en assurer le debit dans les années d'abondance & de rendre moins précaire, l'existence des entrepreneurs de culture. Ainsi par exemple il est plus avantageux d'exporter du vin que du bled, des bois &c.

3°. Il est plus avantageux d'exporter des denrées manufacturées que des denrées brutes, parceque pourvu que la liberté soit entiere, la culture en obtient le même encouragement. Dans un cas on cultive pour acheter les denrées étrangeres, dans l'autre pour entretenir les ouvriers nationnaux & l'effet est le même si l'on ne decourage pas la culture par des loix prohibitives. Mais dans le premier cas, la culture seule est encouragée, dans le second l'industrie l'est en même tems & l'on y gagne l'avantage d'avoir à un prix égal des produits de manufacture plus parfaite.

Enfin il vaut mieux & par la même raison tirer des denrées non manufacturées que
des produits de manufactures mais toujours
avec la même condition de la liberté entiere.
Cette condition est néceffaire parceque fans
elle il arrivera ou qu'on vendra les denrées
brutes à plus bas prix, ou qu'on achetera
plus cher les produits des manufactures, ce
qui devient un mal, une perte réelle & dé-
truit même avec excès les avantages qu'on
peut attendre de cette combinaifon de commerce.

Après avoir établi ces principes exami-
nons les avantages pour l'Europe & pour la
France d'un commerce immédiat & plus
étendü avec l'Amérique.

D'abord toute extenfion d'un commerce
libre eft un bien 1°. En ce qu'il en réfulte
néceffairement d'un côté plus d'encouragement pour la culture, d'un autre plus de
jouiffances pour le même prix. 2°. En ce
qu'il en réfulte naturellement que chaque
pays arrive plus promptement à ne cultiver,
à ne fabriquer que ce qu'il peut cultiver, ou
fabriquer avec le plus d'avantage. L'accroif-
fement de richeffes & de bien-être qui peut
réfulter de l'établiffement de cet ordre naturel eft incalculable. Malheureufement l'efpèce de fureur avec laquelle toutes les nations veulent tout cultiver, tout fabriquer
non pour faire de fimples effais, mais dans
la vue de ne rien acheter au dehors, prouve

combien l'on ignore même aujourd'hui cette utilité d'un commerce étendu & libre.

Indépendamment de cet avantage, les Américains occupant un terrein immense dont une partie n'est pas encore defrichée ne peuvent être longtems encore que des cultivateurs ; dans un pays libre tout homme quelque soit son industrie préferera nécessairement l'état de propriétaire à tout autre tant qu'il pourra se flatter de pouvoir y atteindre sans trop sacrifier de son aisance. Ainsi l'Amérique n'aura longtems en général que des denrées brutes à apporter en Europe & des denrées manufacturées à y demander. Elle aura peu d'argent à mettre dans le commerce parceque la plus grande partie des capitaux sera consacrée à la dépense des defrichemens, des établissemens dans les parties reculées. Elle ne commercera donc avec l'Europe que par des échanges immédiats. Enfin la seule denrée qu'elle tirera de l'Europe & qu'elle en tirera longtems encore, est le vin, une de celles dont l'exportation est la plus avantageuse.

La France paroît en même tems être celle des nations Européennes pour laquelle le commerce avec l'Amérique est le plus important. 1°. Parcequ'elle est obligée d'acheter dans le nord pour de l'argent, des huiles, des fers, des chanvres, des bois qu'elle se procureroit en Amérique en les échangeant pour des produits de ses manufactures. 2 . Parceque dans les années de disette en bled, le bled & le riz de l'Amérique seroient une ressource importante pour ses provinces situées sur l'océan ou qui communiquent avec cette mer par des canaux & des rivieres navigables. 3°. Parcequ'elle peut établir avec l'Amérique un très-grand commerce du vin; & qu'ayant presque exclusivement ce commerce particulier en même tems que rélativement aux manufactures elle peut au moins soutenir la concurrence avec l'Angleterre, il doit naturellement arriver que ce commerce nécessaire lui fasse obtenir la préférence sur l'Angleterre pour tous les autres, & il n'est pas douteux qu'elle ne l'ait sur le reste des nations Européennes tant que l'industrie du Portugal & de l'Espagne n'aura point fait de progrès.

On a pu croire que l'Angleterre auroit au contraire la supériorité, & certainement toutes choses égales d'ailleurs la conformité de langage, de manière de vivre, de réligion jointe à l'habitude de se servir des produits de manufactures Angloises pourroit avoir une grande influence. Mais il faut observer que cette influence n'exerceroit tout son empire que dans le premier moment, or dans ce premier moment les restes d'une indignation trop bien fondée, les liaisons contractées pendant la guerre derniere doivent nécessairement diminuer l'effet des motifs qui auroient pu déterminer les Américains à donner la préférance à l'Angleterre & la France aura le tems d'employer les moyens qui dépendent d'elle pour empêcher ces motifs de balancer ſes avantages réels. Nos manufactures ſauront bientôt ſe plier au goût & aux beſoins des Américains que nos commerçans apprendront à connoître & à prevenir.

La communication des deux langues peut-être facilitée par l'établiſſement de Colleges dans quelques-unes de nos villes où les Américains pourroient faire éléver leurs enfans & où ils les enverroient en grand nombre ſi tout enſeignement religieux en étoit exclus. La réligion ne doit pas être longtems un obſtacle, le dogme le plus cher aux Américains, celui auquel ils tiennent le plus, eſt le dogme de la tolérance ou plutôt de la liberté religieuſe, car chez ce peuple conduit plus qu'aucun autre par la raiſon ſeule le mot de tolérance paroît preſque un outrage à la nature humaine. Or pourquoi deſeſpereroit-on de voir la tolérance (qu'on me pardonne ici ce mot Européen) s'établir bientôt dans notre patrie? n'exiſte-t-elle pas aujourd'hui dans l'ancien monde depuis le Kamchatka juſqu'a l'Iſlande, depuis la Laponie juſqu'a l'Appenin. Les princes de la maiſon de Hugues Capet ſont les ſeuls qui ne l'aient pas encore appellée dans leurs états. Mais en France la voix unanime de tous les hommes éclairés dans le clergé, dans la nobleſſe, dans la magiſtrature dans le commerce ſollicitent cette révolution avec force & sans rélâche. Ces follicitations feront-elles inutiles, ne doit-on pas efpérer plutôt que le Gouvernement cedera aux motifs de juftice & d'utilité qu'on lui préfente & même que la tolérance s'établira en France d'après un fyftême plus regulier, plus conforme à la juftice naturelle & que nous reparerons par là le malheur & peut-être la honte d'avoir tardé fi longtems à fuivre l'exemple des autres peuples.

On verra fans doute après plufieurs fiécles, les avantages particuliers du commerce avec l'Amérique diminuer peu-à-peu. Il ne reftera plus à l'Europe que ceux qui naiffent d'un commerce actif, étendu entre des nations induftrieufes & riches. Mais ce changement fera l'ouvrage de plufieurs fiécles & alors les nouveaux progrès du genre humain ne laifferont rien à regretter aux nations éclairées des deux mondes.

Il eft impoffible qu'une nation de plus ajoutée au petit nombre de celles qui font le commerce avec intelligence & avec activité n'augmente entre elles cette concurrence dont l'effet naturel eft de diminuer les frais de tranfport; & c'eft un bien pour toutes les nations qui n'ont d'autre intérêt réel que de fe procurer avec abondance & au plus bas prix poffible les denrées que le befoin ou l'habitude leur rendent néceffaires.

Enfin il ne faut pas croire que le commerce de l'Amérique doive fe borner aux objets qu'elle fournit maintenant à l'Europe. Combien cette contrée immenfe ne renferme t-elle pas de fubftances à peine connues aujourd'hui de nos naturaliftes & même prefque ignorées de fes habitans, dont bientôt le commerce nous fera connoître l'utilité. Quand bien même la conjecture que nous hazardons ici ne feroit pas appuiée fur la connoiffance de plufieurs productions dont il eft aifé de prédire qu'elles deviendront un jour des objets de commerce ; cette efpérance ne devroit pas être regardée comme chimérique, il feroit abfolument contre l'ordre conftant de la nature que ce vafte continent n'offrit que des productions inutiles ou communes à l'Europe.

Des moraliftes aufteres nous diront peut-être que cet avantage qui fe borneroit à nous donner de nouveaux befoins doit être regardé comme un mal, mais nous répondrons qu'il nous donnera au contraire de nouvelles reffources pour fatisfaire ceux auxquels la nature a voulu nous foumettre. Dans tous les pays, dans tous les tems où il exiftera une grande inégalité dans les fortunes, les hommes auront des befoins factices, & la contagion de l'exemple les fera éprouver à ceux même que la pauvreté empêche de les fatisfaire. Ainfi multiplier les moyens de pourvoir à ces befoins factices & les rendre moins couteux c'eft faire un bien réel, c'eft rendre moins fenfibles , moins dangereux pour la tranquillité commune les effets de l'inégalité des fortunes & si jamais l'influence lente mais sure d'un bon système de législation peut détruire cette inégalité en Europe les besoins factices qu'elle seule a fait naître disparoîtront avec elle, ou plutôt il n'en restera que ce qu'il faut pour conserver à l'espèce humaine cette activité, cette industrie cette curiosité nécessaires à ses progrès & par conséquent à son bonheur.

Nous aurions désiré sans doute pouvoir compter au nombre des avantages qui naitront de nos liaisons avec l'Amérique, celui de l'exemple d'une liberté entiere & illimitée de commerce donné par une grande nation. Mais si, sur d'autres parties de la politique, ces nouvelles Républiques ont montré une raison & des lumières supérieures à celles des nations les plus éclairées, il paroît qu'elles ont conservé sur ces deux objets importans & intimement liés entre eux, l'impôt & le commerce, quelques restes des préjugés de la nation Angloise. Elles semblent ne pas sentir assez que l'intérêt de l'Amérique est d'ouvrir à toutes les denrées, à toutes les nations une entiere liberté d'entrer ou de sortir, de vendre ou d'acheter sans exception comme sans privilege, soit que les nations Européennes rendent au commerce sa liberté, soit qu'elles lui laissent ses chaines ou qu'elles lui en donnent de nouvelles. Déjà égarées par ces vues mercantiles dont l'Europe leur donne l'exemple, quelques Etats ont gené le commerce par des impôts indirects. Ils n'ont pas vu combien dans un pays où les propriétaires de terre forment le grand nombre, où les propriétés font plus également distribuées qu'en Europe, où l'impôt est très-faible; un impôt direct fur le produit des terres feroit facile à établir, & à lever, quel avantage trouveroient les citoyens égaux d'un état libre dans un fyftême où chacun voyant ce que doit lui couter une taxe nouvelle, ne feroit pas la dupe des raifonnemens qui, fous de vains prétextes tendroient à en faire établir d'inutiles.

Cet impôt ne peut decourager les défrichemens, puifqu'il eft aifé de fixer à l'exemple de la France un terme avant lequel les terreins nouvellement défrichés n'y feroient pas affujettis. Le peu de numéraire des Américains n'eft pas une objection parceque non-feulement en Amérique où l'impôt eft très-faible, mais chez les nations les plus chargées de fubfides le numeraire en métaux ou en billets néceffaires pour folder l'impôt eft une très-petite partie de celui qui fert aux opérations de commerce & aux ufages de la vie.

Si on parcourt l'hiftoire de l'adminiftration des Etats-Unis depuis la déclaration de l'indépendance, on ne trouvera point dans tous les Etats des conftitutions également bien combinées. Il n'en eft point où l'on ne puisse observer quelques defauts, toutes les loix établies depuis l'acte d'indépendance ne sont pas également justes & sages mais aucune partie de la législation politique, de la législation criminelle, n'offrira d'erreurs grossieres, de principes oppresseurs ou ruineux. Au contraire dans les opérations de Finance & de commerce presque tout annonce une lutte constante entre les anciens préjugés de l'Europe & les principes de justice & de liberté si chers à cette nation respectable : & souvent les préjugés ont obtenu la victoire.

Cependant en convenant de ces défauts l'amour des Américains pour l'égalité, leur respect pour la liberté, pour la propriété, la forme de leurs constitutions empêchera sans doute d'y établir jamais ni ces prohibitions ou absolues, ou indirectement ordonnées par l'établissement de droits énormes, ni ces privileges exclusifs de commerce, ni les monopoles de certaines denrées, ni ces visites si outrageantes, si contraires à tous les droits du citoyen, ni ces loix barbares contre la fraude, ni ces corporations exclusives de marchands, ou d'ouvriers, ni enfin tout ce que l'esprit mercantile & la fureur de tout regler pour tout opprimer ont produit en Europe de vexations absurdes, & l'exemple de l'Amérique apprendra du moins à en voir l'inutilité & à en sentir l'injustice.

Je n'ai point parlé du commerce de la

France avec l'Amérique relativement au ta-
bac, parceque ce n'est point la France qui
fait ce commerce, mais la Compagnie qui
en a le privilege & dont les intérêts sont absolument étrangers à ceux de la nation, toutes les fois qu'ils n'y sont pas opposés. Avec
quelque nation de quelque manière que se
fasse ce commerce, il est toujours également
nuisible. Une compagnie n'achetera que
d'une autre compagnie & quand même on
retrouveroit encore en achetant cette denrée
des Américains une partie de l'avantage qui
résulte d'un commerce d'échange, comparé
à un commerce en argent, les faux frais de
toute espèce qu'entraîne un commerce de
monopole sont si supérieurs à cet avantage,
qu'il deviendra presque insensible.

CONCLUSION.

Telles avoient été mes réflexions sur l'influence de la révolution d'Amérique. Je ne
crois pas en avoir exagéré l'importance, &
m'être laissé entraîner à l'enthousiasme qu'in-
spire le noble & touchant spectacle que ce
nouveau peuple donne à l'univers.

FIN.

www.ingramcontent.com/pod-product-compliance
Lightning Source LLC
LaVergne TN
LVHW010333030726
842520LV00004B/1430